AF593137

Júlia Domingues

prefácio de James McSill

inclui **Caderno da Gratidão**

www.egoeditora.com
geral@egoeditora.com

Título – Agradece, o livro essencial para uma vida mais feliz
Autora – Júlia Domingues
Composição Gráfica – EGO
Imagens da Capa, Contracapa e do Interior – *freepik*©
Fotografia da Autora – Júlia Domingues©
Revisão de Texto – EGO
1ª Edição – Novembro 2022
ISBN – 978-9895338498

indice

agradecimentos

Há uns dias, sentadas na mesa de um restaurante, uma amiga alertava-me, a propósito dos planos de vida, dos projetos para o futuro e do caminho que temos de reajustar a meio da jornada, para o facto de muitas vezes exigirmos demais de nós. *«Júlia, tens noção do quão a tua vida mudou em dois anos?»* – perguntou-me, entre garfadas. Após uma rápida retrospetiva, percebi que muita coisa mudou (para melhor). Sou uma autora publicada, palestrante, editora-chefe, ministro cursos e *workshops*, e tantas outras coisas que estão prestes a acontecer.

Perdoem-me o exagero, mas em primeiro lugar, é a mim que agradeço. Por tudo. Pela persistência e dedicação que tenho em (per)seguir os meus sonhos.

Quanto à resiliência, ao apoio, à confiança e aos resultados, agradeço a vocês, leitores e comunidade das minhas páginas nas redes sociais, por acreditarem no meu trabalho e fazerem com que permaneça com esta certeza sobre o caminho a seguir.

Segue-se uma série de pessoas que são diretamente responsáveis pelo meu equilíbrio, tantas vezes o meu antidepressivo e sempre a minha dopamina. Aqueles que, mesmo quando digo «Hoje, não posso», continuam lá, na primeira fila, para me aplaudir ou não me deixarem cair. São vocês, família, irmãos de outro sangue, amigos de e para a vida, que fazem com que tudo faça (tanto) sentido. A todos, sem exceção, este livro também é vosso. Dele fazem parte as conversas, os conselhos, as gargalhadas e os silêncios que dizem *«estamos aqui»*. É a eles a quem eu dedico este livro.

Ao meu mentor, amigo e parceiro de negócios, James McSill, obrigada por me integrar na herança do «povo que um dia herdou».

Ao meu companheiro, que esteve sempre disposto a pagar o preço desta caminhada, que nem sempre teve um preço justo, obrigada.

À minha família, que sente o orgulho do nome que carrego, obrigada.

Aos meus pais. Sempre. Por tudo. Obrigada.

Agradeço a todos. Tanto.

Júlia Domingues

nota introdutória

Antes de começar, gostava de te lançar um desafio: se, agora, no momento em que estás a ler estas palavras, alguém se aproximasse e te dissesse que só podia ficar na tua vida aquilo que tivesses agradecido, com o que é que ficavas?

Provavelmente, com muito pouco… ou mesmo com quase nada. Não te assustes (já). O problema não é (só) teu, é da humanidade em geral. O ser humano, por defeito, é uma espécie que não tem por hábito agradecer o que tem, aquilo que é, o que fica ou o que vai. Muito pelo contrário, acha que o Universo lhe deve tudo e que tudo o que lhe acontece é por culpa – quase exclusiva – da vida. Não tem uma casa com piscina porque ganha pouco, ganha pouco porque o chefe é uma besta, não tem uma vida saudável porque não lhe sobra tempo para essas coisas e essas coisas (boas) só acontecem aos outros. Enfim, (só) não é feliz porque a vida não o permite.

Mas, deixa-me contar-te um segredo:

A VIDA NÃO TE DEVE NADA.

Tu estás exatamente (a)onde queres estar. És o responsável pelo teu bem-estar, pela tua felicidade, pela tua paz (interior) e por aquilo que atrais para a tua vida.

Ainda não acreditas?

Então, vamos lá.

O Universo, tal como o ser humano, é feito de energia (99 % do corpo humano é energia e 1 % matéria – há quem defenda que a matéria nem existe). Essa energia, que compõe os átomos, por sua vez, manifesta-se por ondas vibracionais através de determinadas frequências. Ora, connosco, seres humanos, passa-se mais ou menos a mesma coisa. Somos feitos de energia e, tal como acontece no Universo, também vibramos em frequências que carregam um tipo de informação. É precisamente esse tipo de informação que vai ser projetado para o Universo e vai conectar-se com o mesmo tipo de frequência em que estamos a vibrar no momento (frequência alta ou frequência baixa). Assim, e isto não sou só eu que o digo (é a ciência, a psicologia e a neurociência), a frequência em que estiveres a vibrar, essa informação, essa energia, que vais encontrar, será a energia que o próprio Universo te irá entregar, devolver. É isso que vais atrair para a tua vida.

Imagina um grande lago. Imagina, ainda, que atiras uma pedra para o centro do lago. O que vai acontecer? Assim que a pedra cair no lago, começam a formar-se pequenas ondas, que se iniciam onde a pedra caiu e vão estender-se até à extremidade do lago. Depois, mesmo que seja impercetível ao olhar, as mesmas ondas vão retornar até ao centro, onde a pedra caiu. É isso que acontece na tua vida. Todos os dias, a cada momento, estás a jogar pequenas pedras para o lago da vida. À medida que atiras as tais pedras, estás a lançá-las para o Universo e, mais cedo ou mais tarde, isso retornará até ti, transformando-se na tua realidade.

A pergunta que te quero fazer é a seguinte:

O que tens andado a atrair para a tua vida?

Deixei-te a pensar? Ótimo. Convido-te a fazer esta viagem comigo e a mergulhar no lago da vida.

Como?

Entregando, Confiando, Aceitando, Agradecendo e Perdoando.

Estes são os capítulos que compõem este livro. Entrega, Confia, Aceita e Agradece integram também o mantra criado por José Hermógenes, mestre de yoga Brasileiro, e eu acrescentei Perdoa, pois, só perdoando – a nós, principalmente – é que conseguimos livrarmo-nos do peso do passado para seguir com a bagagem leve, vivendo o presente e aceitando o futuro.

Esta foi a razão pela qual quis escrever este livro. Para te convidar a fazeres uma viagem interior comigo. Para te dizer que podes, todos os dias, fazer uma escolha diferente para a tua vida. Podes escolher ser feliz e agradecer pelo milagre que é estares vivo. E cada dia que somas à tua existência tens uma oportunidade única para construíres a tua melhor versão. E mesmo que falhes, não faz mal, porque todos os dias que tentas, falhas um bocadinho melhor.

Obrigada!

Júlia Domingues

prefácio

A gratidão é o nosso superpoder e a Júlia tem em si a capacidade de nos ajudar a conseguir-lo.

Nos últimos dois anos, a Júlia e eu navegámos, juntos, num trecho particularmente laborioso deste mar que é a Vida. Como toda a experiência, tem havido sempre mais desafios do que se previa, mais trabalho do que se imaginava, carecemos de mais resiliência do que anteriormente acreditávamos ter. Contudo, neste período todo, uma estratégia que vi a Júlia utilizar, quando as coisas ficam difíceis – e que é um superpoder típico dos verdadeiros mestres e gurus – é o recurso à Gratidão, algo que compartilhamos.

Temos esse superpoder dentro de nós, que é mágico, muda vidas e inspira bondade e amor. Para alguns, vem naturalmente e, para outros, é mais difícil acessar devido às circunstâncias ou hábito, mas todos nós o temos. Ser grato pode transformar um dia ruim em bom, julgamento em compaixão, dúvida em esperança, raiva em calma e ódio em amor. É fácil ser grato? Não! Porém, as pessoas mais felizes são aquelas que encontram a gratidão dentro de si.

Este manual, que nos levará a refletir sobre a Gratidão, é um convite para desenvolver e melhor usar este superpoder, seja para alimentar a alma ou buscar caminhos para a felicidade e a paz interior. Defino-o como um mapa que, palavra a palavra, frase a frase, de mensagem a mensagem, nos guiará ao porto seguro da INSISTÊNCIA, PERSISTÊNCIA e RESISTÊNCIA, abrindo brechas e, se calhar, portas para mais amor e luz nas nossas vidas. A Júlia ajuda-nos a respirar nos momentos difíceis, a desacelerar e reconhecer a beleza do momento presente, a construir um coração grato e respostas conscientes.

Claro que me sinto inadequado para escrever uma introdução, mas quando a obra nos toca profundamente, quem não o seria? Afinal, escrever com o intuito de mexer nas peças que perfazem a condição humana não é fácil, mas a Júlia fê-lo em livros anteriores, e só o faz melhor ainda agora.

James McSill

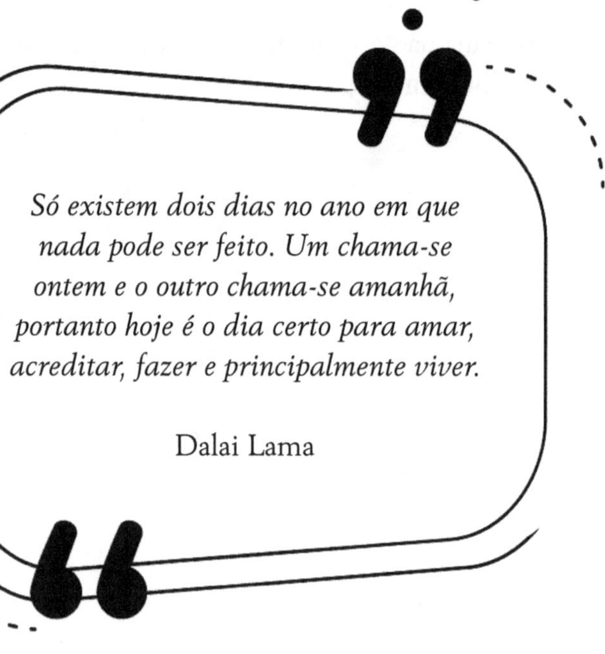

Só existem dois dias no ano em que nada pode ser feito. Um chama-se ontem e o outro chama-se amanhã, portanto hoje é o dia certo para amar, acreditar, fazer e principalmente viver.

Dalai Lama

entrega

É (muito) diferente de desistir. Entregar é um ato de fé (na vida). Se, por um lado, há coisas que (só) tu podes decidir, por outro, há alturas em que deves deixar a vida seguir o seu curso, acreditar que ela encontrará (sempre) maneira de voltares a ser feliz, e aceitar que, muitas vezes, nem vai ser uma escolha tua.

Lembra-te: às vezes, parar, respirar fundo e encher o peito de fé é só o que precisas para continuar.

Entrega quem confia, desiste quem se resigna.

Acalma o teu coração.

Quando não souberes escolher o que (e quem)
é melhor para ti, vem a vida e faz essa seleção.

O *que for teu, a ti chegará.*

Há uma (grande) diferença
entre desistir e perceber
que o nosso lugar
(já) não é mais

ali.

A vida ensinou-me que
não são as pessoas que (nos) desiludem.

O que desilude são
as ***expetativas*** que colocamos em cima delas
(quando achamos que elas irão ser como nós).

Ei, moça,
nem sempre vai acontecer do jeito
que a gente quer.

Mas a vida ensina que vai acontecer do jeito
que a gente precisa para aprendermos a ser a mulher
que a gente deseja.

Se tudo tivesse dado certo,
nunca serias **a pessoa que és hoje.**

Tudo tem um tempo próprio para acontecer.

Sempre que a vida desvia algo (ou alguém) do nosso caminho,
é porque há coisas (e pessoas) melhores a chegar.

Mesmo nos dias em que
te falta a coragem,
nunca deixes que
te falte a fé
(na vida).

No final, são as coisas (mais) **simples**
que ganham importância:

Manter os nossos por perto
e fazer a vontade a quem (sempre) nos manteve longe.

Nunca desistas de ser **feliz.**
Mesmo nos dias em que nada parece dar certo.

Principalmente nesses.

Às vezes, é preciso **parar.**
É nos dias em que tudo parece dar errado
que a vida (mais) conspira para
nos desviar para o caminho certo.

Principalmente nesses.

Quando não conseguires correr, anda.
Quando não conseguires falar, fica em silêncio.
Quando não souberes o caminho, para.

Nem sempre vamos saber o que fazer.
Por vezes, vamos até falhar.

É importante que respeites o teu ritmo
(e não o dos outros).

As coisas acontecem no tempo certo
e nem sempre o que desejamos
é igual ao que precisamos.

Às vezes, (só) é preciso respirar fundo
e deixar que a vida cumpra
os seus (melhores) planos.

Tu importas, sim!

E mesmo quando achas que ninguém repara em ti,
mesmo quando pensas que não fazes nada de interessante,
que o que dizes não tem valor,
lembra-te que há muitas pessoas que te admiram,
que valorizam a tua sensibilidade e que gostam de ti (como és).

Por vezes,
damos demasiada importância a quem nos critica
e esquecemo-nos que quem nos critica
tem (muitos) telhados de vidro.

Tu importas, sim.
Por isso,
importa-te com quem se importa (contigo)
e vais ver que tudo começa a fazer (mais) sentido.

Há dias em que
(só) precisamos de fé.

(porque a força vem a seguir)

Tem dias em que a gente só precisa
de ficar sossegada,
respirar fundo e acreditar na vida.

E nunca esquecer:
nós temos planos,
mas a vida tem um propósito.

Claro que (ainda) vai dar certo.

Por vezes, a única coisa
que precisamos de fazer
é não atrapalhar os planos
que a vida tem para nós.

Há alturas na nossa vida em que precisamos
de nos afastar um pouco
para perceber quem continua **próximo**.

(e tanta coisa começa a fazer sentido).

Evoluir (também) é isto:

Perceber que não temos de ser quem (já) fomos no passado,
que nem todas as pessoas têm de ficar (na nossa vida)
e que não temos de aceitar tudo (e todos).

E ainda bem.

Depois eu *faço*,
Depois eu *ligo*,
Depois eu *amo*,
Depois eu *vivo*!
Depois...

A vida passa (por nós)
e a única coisa que soubemos fazer,
foi deixar a vida para depois.

Se não fosse para dar certo,

a vida não te punha onde (já) estás.

Desacelera.

Não precisas de andar à frente do (teu) tempo.
Cada um tem o seu ritmo
e só tu sabes o que vai dentro de ti (e não os outros).

Tudo vai acontecer no tempo certo
e a maior parte das vezes nem vai acontecer quando queremos,
mas quando precisamos.

Quando não souberes o que fazer, a vida escolhe por ti.
Desacelera. Ninguém chega mais cedo ao futuro.

Quantas vezes achámos que não ia dar certo e deu?
Quantas vezes pensámos que era o fim
  e afinal era apenas (mais) um (re)começo?

Nos dias em que a vida não nos dá aquilo que desejamos,
é porque (ainda) não está à altura daquilo que merecemos.

Mantém-te **leve.**

Lembra-te,
 a (tua) paz interior
não pode de ser uma *luta,*
tem de ser uma *conquista.*

Engraçado como
a vida (e o tempo)
nos muda as prioridades.

Antes, procurava nos outros
a minha paz interior.

Hoje, não permito
que a minha paz interior
seja definida pelos outros.

Muitas vezes, o processo não vai ser fácil.

Vamos viver coisas
que não merecíamos ter vivido,.

Vamos deixar para trás
pessoas que julgávamos ser para sempre.

E a paz (interior)
passará a ser uma das nossas maiores conquistas.

Evoluir (também) é isto:
acreditar que a vida irá sempre desviar do nosso caminho tudo
(e todos) o que nos atrasa o propósito para nos colocar onde
(e com quem) devemos estar.

Há coisas pelas quais tu NÃO és responsável.

Pela felicidade dos outros,
pelos problemas que eles carregam e
por não teres de aceitar
tudo (e todos) na tua vida.

Nunca ninguém sabe o que a vida nos reserva.

Vão existir pessoas que vamos deixar para trás
e vão existir planos que não vamos levar para a frente.
Mas a vida sabe o que faz.

E sempre que formos desviados do caminho
que achamos que desejamos é porque, em silêncio,
a vida nos está a empurrar para os sítios onde precisamos de estar
(para ser feliz).

Às vezes, **dar a volta por cima**
(também) é não voltar mais...

A vida sempre acaba por
colocar tudo (e todos)
no devido *lugar*.

Por isso, quando ela
(nos) muda a direção
é porque sabe *o caminho*.

Às vezes, antes de dar certo, vai dar (muito) errado.

Nem sempre vai ser fácil e nem sempre vai estar tudo bem.
Mas talvez a maturidade seja isso.

Aceitar que (também) somos falíveis
e que não vai doer para sempre.

Lembra-te: a vida só nos coloca desafios
que sabe que temos capacidade para superar.

O truque é não esperar nada de ninguém.
Ninguém nos deve (absolutamente) nada.
Cada um dá o que tem.

O *problema* nunca são as pessoas.
O *problema* são as expetativas que criamos
em cima dessas pessoas.

Sempre acabamos por viver
da forma como gostaríamos
que as coisas (e as pessoas) fossem
e não como elas realmente são.

Se calhar, todos deveríamos começar por **oferecer** aquilo que gostaríamos de **receber**.

(Já) não é
sobre ir atrás,
é sobre
o que (e quem)
te traz paz.

Há ciclos que precisam de terminar
para que outros (melhores) se iniciem.

Só sabemos a **força** que temos
quando ela se torna a nossa única **opção**.

Somos a soma das nossas *fraquezas*
e das nossas *conquistas.*

A vida vai ensinando que não precisamos de ser perfeitos,
precisamos (apenas) de ser felizes.
Por isso, faz o que tens a fazer.

No final, as contas acertam-se com a nossa consciência
(e não com os outros).

Desconfio que um dos maiores erros
do ser humano continua a ser
insistir ficar em sítios (e com pessoas)
por ter medo de não saber (como) **ir embora.**

Chega a uma altura da nossa vida em que
é preciso deixar de insistir em
(algumas) pessoas,
situações e
locais.

Devemos deixar a **vida fluir**
e permitir que ela siga o seu curso.

Muitas vezes, é quando nos afastamos
que percebemos que éramos os únicos
que (ainda) nos mantínhamos por perto.

A esperança é o sonho
do homem acordado.

Aristóteles

confia

Confiar nos ciclos da vida é saber que nem sempre vai dar certo, mas que também não vai dar errado para sempre.

Todas as coisas têm um tempo próprio para acontecer e ninguém chega adiantado ao futuro. A vida irá sempre colocar-te (a)onde precisas de estar. Confia. Tal como acontece na natureza, também tu deves encerrar velhos ciclos para que outros (melhores) possam acontecer.

Lembra-te: Nem sempre vai ser como desejas, mas será sempre como precisas.

Depois de descobrires que tens capacidade para **evoluir**, jamais voltarás a deixar que os outros te tentem transformar (naquilo que não és).

A vida tem esta mania de colocar
as pessoas *certas* no nosso caminho
para nos fazer entender porque é que
todas as outras se tornaram *erradas*.

A vida ensina que

nem sempre vai dar certo,

mas também se certifica que não vai dar errado para sempre.

Não te arrependas
de ser boa pessoa.

As boas pessoas atraem outras boas pessoas.

E mesmo quando não souberes fazer essa escolha,
não te preocupes,
a vida sempre afasta o que (e quem) não é para ficar
e mostra quem chega para (nos) acrescentar.

Ter fé (na vida) nem sempre torna as coisas mais fáceis,
mas torna-as (muito) mais suportáveis.

Confia, coisas boas (também) acontecem.

Respeita o teu processo.

Não saias antes do tempo
e não fiques onde não conseguires fazer morada.

Tudo tem um tempo próprio para acontecer.
O que não for para ti, a vida desvia.
O que for teu, a vida devolve.

Confia.

A vida irá sempre afastar do teu caminho
quem não vem para te ajudar a caminhar
(e isso nem sequer vai ser uma escolha tua).

A vida ensinou-me que
isso do *«deixar para depois»*
nos rouba o *«agora»*.

Nada (nem ninguém)
consegue tirar aquilo que
a vida tem guardado para ti
(por muito que tentem).

Confia.

Há dias, em que só precisamos de chegar a casa,
tirar os sapatos (tantas vezes, apertados),
respirar fundo e ter fé.

Saber continuar (também) é aceitar que

a vida sabe o que faz.

A maior **lição de vida** que, um dia,
poderás dar a alguém
é tornares-te na pessoa que disseram
que nunca irias conseguir ser.

As coisas (só) acontecem quando a gente *precisa*
e não quando a gente *quer*.

E a vida mostra que
quando as coisas acontecem,
são sempre (muito) melhores do que
quando deveriam ter acontecido.

Confia.

Antes de dar certo, vai dar (muito) errado.

Mas quando começar a dar certo,
até o que parece atrapalhar, ajuda.

Por vezes, **não entendemos, mas confiamos.**

Julgo que é isso que é ter fé (na vida).
Saber que, um dia, tudo volta a fazer sentido.

A vida tem-me ensinado que as coisas vão acontecer
da maneira que *tiverem* de acontecer.

Assim como as pessoas.
Quando chegam à nossa vida,
nunca sabemos se vêm para nos ensinar mais sobre elas
ou para aprendermos (mais) sobre nós.

Se tu ficares, eu fico.
Se tu lutares, eu luto contigo.

Não andarei à tua frente,
mas jamais me peças para andar atrás de ti.

Depois do fim, quando estamos prestes a desistir,
quando o peito já não tem esperança,
vai aparecer sempre alguém
que nos vai fazer voltar a **acreditar**.

E se no início (re)começamos por eles,
é a força deles que nos ensina a continuar por nós.
E são (só) essas pessoas que precisamos na nossa vida.

Para (nunca) esquecer:

A tua luz ninguém consegue apagar

(ou copiar).

Sempre que algo (ou alguém)
chega para nos tirar o *chão,*
a vida aparece para nos ensinar a *voar.*

O que a vida ensina:

Que nada (nem ninguém) do que é para dar **certo** acontece no tempo **errado.**

Um dia, percebes que os teus medos
não sabem nada sobre a tua coragem.

Nem sempre o que damos
é igual ao que recebemos.

Mas se dermos o que *somos*,
um dia, a vida devolve o que merecemos.

Às vezes, é (só) preciso parar,
respirar fundo e encher o peito de fé.

Na verdade, se chegámos até aqui
é porque a vida (ainda) tem
grandes planos para nós.

Para hoje:

Nada (nem ninguém) acontece
por acaso na nossa vida.
Nem as pessoas que **chegam**,
e muito menos aquelas que **saem**.

Já fiz planos que depois a vida mudou.
Já quis pessoas para sempre que (já) não estão na minha vida,
já tive objetivos que nunca cumpri e outros que superei.

Hoje, peço (apenas) força para não desistir,
fé (na vida) para continuar
e sabedoria para saber aceitar o que não conseguir mudar.

Mais do que nunca, seguimos em frente.
Em cada recomeço,
há uma dose extra de esperança.

Porque todos precisamos de acreditar
que a vida existe para sermos felizes.

Há dias que custam mais do que outros.

Mas é também nesses dias
– quando nos falta a força –
que nasce a fé.

Principalmente nesses.

Não precisas esperar que alguém aplauda quem tu és.

Precisas é saber que, para seres quem és,

não precisas de aplausos.

Com o tempo,
  a gente aprende que os problemas dos outros
não são os nossos,
  que vamos deixar para trás pessoas
que jurámos serem para sempre e
  que o que realmente importa
são as que permanecem ao nosso lado.

Com o tempo,
  a gente aprende a recusar
momentos desnecessários
  porque a nossa paz (interior)
passa a ser a nossa maior prioridade.

Com o tempo,
  aprendemos que evoluir (também) é isso.

Ter fé (na vida) não significa que as coisas vão dar sempre certo.

Ter fé (na vida) significa que tudo vai ficar bem,
independentemente do resultado.

Demore o tempo que demorar.

Demora muito tempo para transformar
os momentos de solidão em **paz interior.**

Ah, mas quando isso acontece,
todos os teus momentos (a sós) tornam-se liberdade.

Nem sempre vai dar certo
quando desejas,
mas a vida certifica-se de que
não dá errado
quando precisas.

(Só) há uma coisa que ninguém vai conseguir por ti:

a tua parte.

A vida ensina que a gente (só) está
onde a gente se coloca.

O que é teu, o **tempo traz,**
o que não é, o **tempo devolve.**

Sim, *falho* muitas vezes.
Mas, todos os dias, *falho* um
bocadinho melhor.

Talvez a paz interior (só) fique
quando aprendermos a ficar com pessoas
que não nos façam duvidar se

nos querem ou não.

E, aos poucos,
a vida vai mostrando que
ser feliz não é sobre sermos os **melhores,**
mas sim dar o nosso **melhor.**

Nada (nem ninguém) chega antes do tempo.
E ninguém fica depois dele.

Muitas vezes, a vida vai desviar-te de caminhos (e de pessoas)
que não vêm para fazer parte da jornada.

Com o tempo, vais perceber que há coisas
que não podes mudar e outras que não podes evitar.

Se hoje há uma janela que se fecha,
é porque por perto há uma porta que precisa de ser aberta.

Confia no processo.

Quase sempre, tudo o que achámos que deu errado, nada mais era do que a vida a (re)ajustar o caminho para que as coisas certas pudessem acontecer.

Confia!

Com o tempo,
a vida vai mostrando
que (quase) tudo
o que a gente quer
está do outro lado
do **medo.**

A vida é feita de ciclos.
Para uns começarem, outros precisam de terminar.

O que (e quem) ficou para trás, serviu de lição,
quem continua comigo, ajuda-me, todos os dias, a ser melhor.
É essa a lição que devemos guardar.

Não interessa ser melhor do que os outros,
interessa ser melhor do que ontem.

E é por isso que sigo com fé.
Porque a vida ensina que tudo tem um tempo próprio para acontecer.

E o que está guardado para nós, não vai errar no caminho.
Demore o tempo que demorar.

Vida, que o teu sol ilumine os nossos sonhos
e que o teu mar limpe as nossas mágoas.

Estamos prontos para (re)começar.
Porque nunca é tarde para ser feliz.

Ninguém está bem todos os dias.

Mas são os dias *difíceis* que (também) constroem pessoas (mais) *fortes*.

Todos evoluímos ao nosso ritmo.
Não adianta apressar o que tem
um tempo próprio para acontecer,
da mesma forma que não vale a pena
insistir ficar nos locais (e com pessoas)
depois do tempo.

A vida dá (sempre) sinais.
E nenhuma fase está a mais na nossa caminhada.

Estamos onde precisamos de estar.

Às vezes,

é preciso abandonar lugares (e pessoas)

onde pensávamos que íamos encontrar a felicidade.

Confia.
A vida sabe o que faz.
Sabe quem leva e sabe quem **traz.**

As coisas vêm, as coisas vão.
Acredito que quando algo
se vai é apenas para
abrir espaço para
algo novo e melhor.
Clarice Lispector

aceita

Aceitar o que não podes mudar. Entender que o que está guardado para ti, a ti chegará. No tempo certo.

Cada pessoa vem à tua vida com um propósito, mas nem todas vêm para ficar. Umas chegam para te ajudar a ser incrível, outras passam (só) para te ensinar a não ser como elas.

Aceitar (também) é ficar grato por isso.
Umas vezes, pelas coisas (e pessoas) que a vida te coloca à frente, outras vezes pelas que tira.

Talvez a maturidade chegue quando aceitamos que (já) não importa quem foi porque basta quem *fica*.

Há uma coisa que (algumas) pessoas deviam aprender:

Ficar feliz com a felicidade dos outros

não diminui a nossa felicidade.

Deveríamos ter (mais) cuidado
com aquilo que toleramos na nossa vida.

Aceitar tudo (e todos)
é permitir que nos tratem
da forma que querem
e não da forma como merecemos.

Se não conheces os **motivos,**
não julgues as **escolhas**.

Aceitar o que a vida me dá,
não significa que eu tenha de aceitar tudo (e todos).

Significa sim, que umas coisas (e pessoas) serão uma *bênção,*
outras uma *lição.*

Talvez a felicidade (também) seja isto:

Aceitar que não somos perfeitos, mas que,
todos os dias, somos a nossa **melhor versão.**

O segredo
não está em saber quanto nos resta viver.

O segredo
está em saber o que queremos fazer com o que nos resta.

(Já) não tem a ver com esperar
que alguém nos faça felizes.

Tem a ver com sermos felizes
sem ter de esperar por alguém.

As pessoas que estão na nossa vida,
são exatamente as que deveriam estar.

Até as que (já) não estão, precisaram de vir até *nós*.
Não para nos ensinar a gostar delas,
mas para aprendermos a gostar (mais) de *nós*.

*Quando
não desistimos
da vida,
ela também
não desiste
de nós.*

A vida coloca-nos (sempre)
nos sítios onde temos de estar.

Quando não é para ficar,
será sempre para aprender.

Faças o que fizeres, faz por ti.

Não deixes que os outros decidam a tua vida.
Só tu sabes as tuas motivações e o tamanho das tuas feridas.
Nem todos ocupam a primeira fila para te aplaudir.
Muitos ficam (apenas) para te ver fracassar.

Chega a uma altura da nossa vida em que
já não precisamos de ter tudo o que, um dia, (já) desejámos.

A vida ensina que basta continuar a ter
os nossos ao nosso lado para partilhar tudo o que (já) temos.

Nem tudo o que achaste que te ia fazer bem, **fez.**
Nem tudo o que juraste que ia ser para sempre, **foi.**

Mas evoluir (também) é isso.
Acreditar que sempre que não soubermos escolher,
a vida arranja maneira de escolher (o melhor) para nós.

Nunca te arrependas da pessoa que (já) foste.
Nem das batalhas que travaste,
do amor que (já) deste (em vão),
e das escolhas que (não) fizeste.

A vida coloca-nos sempre nos sítios onde precisamos de estar.
Umas vezes para *viver*, outras para *aprender* (a viver).

Um dia, vais perceber porque é que

tudo teve de acontecer assim.

Porque é que há pessoas que ficam na nossa vida
e outras (que prometeram ficar) acabam por sair.

Viemos ao mundo para ser felizes (e livres)
e quando nos desviamos (ou nos desviam) desse caminho,
a vida faz questão de colocar as coisas (e as pessoas) no lugar.

E, muitas vezes, nem somos nós a escolher.

Nós atraímos aquilo que somos.
E é por isso que,
quando temos questões (internas) para resolver,
aparecem as pessoas lição.

Quando vão embora
– por norma, nunca ficam muito tempo –
percebemos que quem fica virou amor,
quem foi, não passou de (des)ilusão.

Nunca duvides do que mereces
(nem deixes que te façam duvidar).
E mesmo quando os planos não dão certo,
nunca te esqueças que o propósito da vida
é (continuar a) seres feliz.

O que é para ti, a ti chegará.

Não confundas
o que é
leve
com o que é
vazio.

A vida tem-me ensinado que,
independentemente do vencedor,
no final do jogo,
todos voltamos para a mesma caixa.

Talvez a maturidade chegue quando
deixas de (te) cobrar pelas coisas (e pelas pessoas)
que te desiludem e segues na vida
porque a tua paz interior (já) é uma prioridade.

Por vezes,
para encontrares a tua paz,
tens de aceitar que algumas coisas (e pessoas)
vão ter de ficar para trás.

A regra é simples:

Não esperes de **mim**,
aquilo que nunca recebi de **ti**.

Enquanto quisermos ser melhores do que os outros
e não a nossa melhor versão,
nunca seremos (os) melhores em nada.

Talvez a *maturidade* chegue
quando aceitas que os erros fazem parte do processo
e que nem sempre a culpa é (só) dos outros.

Cuidar de ti
(também) é aceitar que há pessoas
que (ainda) estão no teu *coração*,
mas que não vão estar na tua *vida*.

No fundo, todos sabemos o que precisamos de fazer,

uns encontram desculpas, outros decisões!

Um dia,
a gente percebe que é
(muito) mais do que a dúvida de alguém,
a segunda escolha de alguém ou
(só) a opção para de vez em quando.
E quando a gente entende,
isso deixa de ser uma opção para a nossa vida.

Antes de ser mulher, sou pessoa.
  Choro, rio, tenho medo e, muitas vezes, tomo decisões erradas.

Antes de ser mulher, sou o que eu quiser
  – mesmo que um dia (já) não me apeteça ser mulher.

Antes de ser mulher, teimo ser feliz.
  Sou feita de fé, vou buscar forças onde não existem
  e tento sempre mais uma vez.

Antes de ser mulher, sou ser humano.

E (só) quando todos nos respeitarmos assim é que,
depois, podemos ser, livremente, homens ou mulheres.

Por vezes,
tomamos (grandes) decisões
nas nossas vidas,
não para ser mais feliz,
mas para ter paz (interior).

E talvez a felicidade seja (só) isso.

A vida tem-me ensinado que
nunca seremos suficientes para pessoas
que (ainda) não sabem o que querem.

As coisas acontecem

como têm de acontecer.

A gente (só) sofre porque imagina
que elas poderiam ser diferentes.

As atitudes dizem muito sobre as pessoas.

A falta delas também.

A vida não nos une às pessoas em vão.

Todas elas cumprem um propósito.

Umas, chegam para nos abençoar,
outras (só) passam para nos ensinar.

As que ficam, continuamos a aprender com elas,
as que vão, permitem-nos conhecer (mais) sobre nós.

Às vezes, não está tudo bem.

Mas a vida tem-me mostrado que, por vezes,
ela precisa de desviar alguns caminhos
para que outros (melhores) possam aparecer.

E isso nem vai ser uma escolha nossa.

A melhor maneira
de agradecer por
um belo momento
é desfrutá-lo plenamente.
Richard Bach

agradece

Agradecer(te) em primeiro lugar. Por todas as vezes que entregas, que confias, que (te) aceitas e que (te) perdoas.

Talvez a paz (interior) chegue quando descobres que não precisas de ser perfeita, precisas apenas de ser feliz.

Nada acontece por acaso e se (já) chegaste até aqui, é porque coisas boas ainda estão para acontecer.

Que seja eterno o que vem para (te) fazer bem.

Há dias em que devemos agradecer
tudo o que deu certo connosco.

Mas também é importante
reservar tempo para agradecer o que deu errado.

É isso que me permite *evoluir.*

Chega a uma altura
das nossas vidas
em que ter (mais) um dia
para **agradecer** se torna (muito)
mais importante do que
colecionar coisas
para reclamar.

Às vezes,
a vida lembra-nos que não há tempo de deixar para **amanhã**
o que deveríamos ter vivido **hoje.**

Se te faz bem, cuida.
Se se afastou, deixa ir.

A vida sempre coloca as coisas (e as pessoas) no seu lugar.
E devíamos ser (mais) gratos por isso.

Não basta ter a intenção de ligar,
de querer tomar um café,
de querer dizer que se gosta,
que se sente a falta,
de querer ficar mais um bocadinho,
de querer enviar uma mensagem.
No coração das pessoas,
não moram intenções,
moram atitudes.

Há dias em que trazemos o mundo às costas.
Nada parece fluir.
É nesses dias que devemos parar.

Aceitar que há coisas que não vamos conseguir mudar
e que há outras que vão simplesmente acontecer (no seu tempo).

É nesses dias também – principalmente nesses –
que devemos agradecer.
E renovar a nossa fé (na vida).

O tempo ensina que,
para cada dia com o mundo às costas,
existe alguém (ou alguma coisa) para nos levar ao colo.

E ainda bem.

Vão existir momentos maus.
Mas, depois vão existir outros (tão) bons que
servem para nos lembrar que os dias ruins não duram para sempre.
Por vezes, é preciso ser grato por aquilo que

os erros têm para (nos) ensinar.

Quando for para dar certo, até o que atrapalha, ajuda.

Talvez ter uma boa vida
seja (só) isto:

Ser grato por mais um dia
e ter a possibilidade de
(me) fazcr feliz.

E, um dia, vais perceber que o que te dá paz (interior) é saberes que os **teus estão bem** (e saudáveis).

O resto é gratidão.

Felicidade é saber que ainda há coisas (e pessoas)
que chegam à nossa vida para nos acrescentar
e que serão elas que irão sempre compensar tudo (e todos)
os que passaram (só) para nos subtrair (de nós).

Vai chegar o dia em que (já) não vais preocupar-te com
as pessoas que saem da tua vida
porque vais perceber que as que ficam são
exatamente aquelas que precisas de ter ao teu lado.

E passas a ser (tão) grato por isso.

Somos (mais) ricos quando temos **saúde**,
quando os nossos continuam por **perto** e
quando continuamos a ter alguém
que nos garante que tudo vai ficar **bem**.

Tudo o resto é lu(i)xo que qualquer dinheiro pode comprar.

Não há mal nenhum
em querer ter a vida
com que sempre sonhámos
desde que não nos esqueçamos
de ser felizes (e gratos)
com a vida que já temos.

Talvez o segredo seja
não esperar tanto das pessoas.

A vida (já) faz essa escolha por nós.

Por vezes,
os grandes milagres da vida são (apenas) as boas pessoas

que chegam (e ficam)

quando todas as outras resolveram ir...

Obrigada por mais um dia.

Aprendi que todos os dias contam,
mesmo aqueles que achei que não eram os importantes.
Esses, essencialmente esses,
foram o meu balanço para chegar até aqui.

Aprendi que podemos sempre reajustar a rota
e que a vida ajuda a escolher.

Nada (nem ninguém) que vem para fazer parte da nossa jornada,
erra no caminho. Demore o tempo que demorar.

Aprendi que (também)
devemos agradecer
pelo que a vida *não deixou*
no nosso caminho.

É sobre as pessoas que te ligaram para saber de ti.
E sobre as que te fizeram acreditar que tudo ia ficar bem.
É sobre o que (te) superaste e sobre a fé que nunca te deixou desistir.
É sobre o que queres ser e não o que (já) foste.
É sobre o que está para vir.
E sobre o que (e quem) queres carregar.
É sobre ti. E quem segue contigo.

Apesar de tudo, obrigada.

Ensinaste-me que para sermos felizes
não dependemos das circunstâncias, dependemos de nós.

Aos que, apesar de tudo,
nos fazem acreditar que tudo isto (ainda) vale muito a pena:

O-B-R-I-G-A-D-A.

Para hoje (e sempre):
Ser grato pelo que (já) *deu certo*
e continuar a ter fé pelo que (ainda) *não deu.*

Enquanto uns continuam
a reclamar a pouca sorte que têm,

*outros dariam tudo
para ter essa sorte.*

A vida ensina que nem tudo o que a **gente quer**,
é o que a **gente precisa**.

E é quando aprendemos a não pedir
(muito) mais do que já temos,
que passamos a ser verdadeiramente gratos
pelo que (ainda) está para vir.

Muitas vezes – tantas – fui (só) fé e não força.
E talvez seja (d)isso que seja feita a esperança.

Depois a *vida ensina* que
muitas coisas (e pessoas) que julgávamos ser para sempre
não vão ficar, que não vamos agradar a toda a gente
e que não temos de aceitar tudo (e todos).

Depois a *vida ensina* que
as coisas mais importantes não são coisas
e que o bem mais precioso é a saúde (a dos nossos também).

Depois a *gente aprende* que
talvez seja (só) isto que importa.

O resto é gratidão.

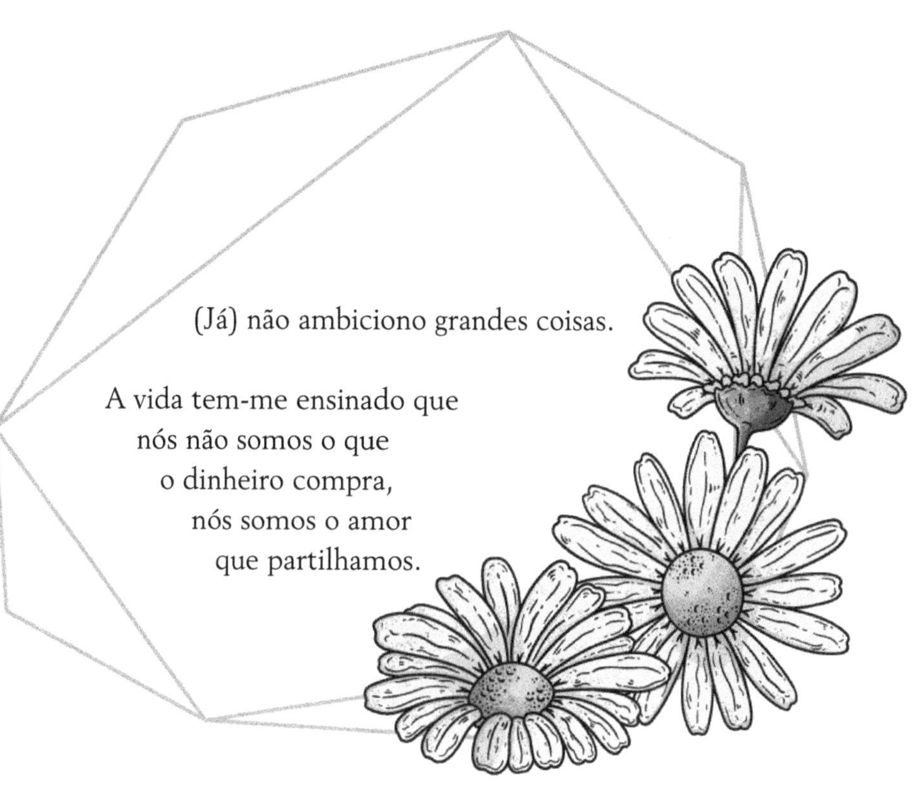

(Já) não ambiciono grandes coisas.

A vida tem-me ensinado que
nós não somos o que
o dinheiro compra,
nós somos o amor
que partilhamos.

Acima de tudo,

que sejamos a parte boa
na vida das (nossas) pessoas.

Bênção é termos pessoas na nossa vida
com quem podemos
sentar,
chorar,
e ainda sermos considerados incríveis.

Acima de tudo,
é saber que temos (as nossas) pessoas com quem contar,
mesmo nos dias em que não há nada para falar.

Não, nem todos
os dias consigo,
mas aprendo todos os dias
que tento.

Devíamos escolher (apenas)
ficar com as pessoas que não nos deixam esquecer que
o mundo fica mais bonito com a nossa presença.

Há dias em que

as melhores palavras são abraços.

Sou uma privilegiada.
Tenho os melhores amigos que a vida podia dar.

Com uns, vivi momentos inesquecíveis,
com outros, momentos que (já) esqueci.

Nem todos quiseram ficar,
da mesma forma que eu não fiquei na vida de todos.

Fui incrível para uns e uma besta para outros.
Cresci com todos.

Quando não soube escolher,
a vida silenciosamente escolheu por mim.

Hoje, tenho os melhores ao meu lado.
O meu mundo é (muito) melhor com eles.

E eles, todos os dias, não me deixam esquecer
que o mundo deles também é melhor por eu existir.

Obrigada, amigos!

Talvez o segredo esteja em
perceber que a felicidade
não é sobre o que
 nos **falta**,
é sobre o que
 nos **resta.**

Primeiro,
a gente percebe que a saúde
é o maior luxo da vida.

Depois,
percebe o que resta
é *gratidão*.

Com o tempo, a vida ensina que

nunca é sobre onde, é sobre quem.

Talvez a gratidão esteja nas **pessoas luz** que
vêm à nossa vida para nos empurrar para a frente,
quando todas as outras escolheram deixar-nos para trás.

Há tanta coisa que a vida (nos) faz sem sabermos.
Lembra-te: ela (só) nos prepara
para aquilo que **somos capazes.**

E, por fim, agradecer.
Chega a uma altura das nossas vidas
– e esta é a altura – em que importa agradecer.

Somos feitos de tanto
e não sabemos agradecer o tanto que somos.
Nem o que temos.

Deixar ir o que (e quem) não nos acrescenta
e ser grato por quem chega (e fica).

E, por fim, agradecer.

Porque, no fundo, sempre tivemos
(muito) mais motivos para ser gratos do que para reclamar.

E que assim continue.

O *fraco jamais perdoa:*
o perdão é uma das
características do forte.

Mahatma Gandhi

perdoa

Perdoar o que (e quem) não seguiu contigo.
Deixar para trás quem não (te) acrescenta.
Não esperar nada, mas todos os dias dares o teu melhor.
Receber (e cuidar) do que é teu e devolver (ao universo) o que nunca foi.

Não confundir o que é leve com o que é vazio. E nunca, mas nunca confundir aquilo que aceitas com aquilo que mereces.

No final, percebes que luxo é teres saúde, o resto é (só) gratidão.

Do mal todo que (já) te fizeram:

Não guardes rancor,
guarda a lição.

Tu não és os outros.
Então, não te preocupes (tanto) com o que
os outros pensam (e dizem).

Só tu sabes o que se passa dentro de ti.
Faz o que tens a fazer.
Segue o teu caminho.

Quem for importante na tua vida não te julgará
e quem te julgar não te conhece o suficiente
para o considerares (tão) importante.

Chega a uma altura da nossa vida em que
deixamos de ser opção de alguém para passarmos a ser
a nossa prioridade.

Ninguém está todos os dias bem.

Nem mesmo as pessoas felizes.

Às vezes, é preciso parar, acalmar o coração
e colocar fé no que está para vir.

A vida ensina que nem todas as pessoas ficam para te amar,
muitas (apenas) passam para que aprendamos a nos amar
(antes delas).

Nunca aceites ser a **segunda escolha** de alguém.

Quem não te souber dar o pódio da sua vida,
nunca será merecedor das tuas vitórias.

A maneira que tu permites
que os outros **te tratem**
revela (muito) mais sobre ti
do que sobre os outros.

Na vida,

aprendi a guardar (apenas) as coisas boas.

Elas não preenchem todos os meus dias,
mas são elas que, nos dias menos bons,
me dão a certeza de que o melhor (ainda) está para vir.

Há uma coisa que todos nos devíamos lembrar (mais):

O que conta não é o **mal** (e o rancor)
que guardámos dos outros,
o que conta é o **bem**
que tivemos a coragem de (nos) fazer.

Nem sempre tem a ver com o mal que os outros nos fizeram.
Com o tempo, percebemos que tem mais a ver com
o bem que deixámos de nos fazer.

Já esperei (tanto) que algumas pessoas mudassem.
Cheguei mesmo a pensar que conseguia fazer isso (por elas).

Mas depois a vida, sabiamente, ensinou-me que
as pessoas não mudam pelos outros, mudam por elas.

E o mais interessante é que aprendi isso comigo (e não com elas).

Enquanto algumas pessoas
te vão admirar por aquilo que és
(e pela pessoa que te tornaste),
outras vão odiar-te exatamente
pelo *mesmo* motivo.

Quando aceitei que
a opinião dos outros era apenas isso,
as minhas escolhas ficaram mais fáceis.

A vida ensinou-me que
precisei de viver (algumas) coisas que não mereci,
para ter forças (e orgulho) na

pessoa em que me tornei.

Lembrete para a vida:

O que (e quem) custa as tuas **lágrimas**,
não merece os teus **sorrisos.**

Respeita o teu tempo.

Não (te) exijas demais.

Não te culpes porque ainda não passou.
Tudo é um processo (de aprendizagem)
e tudo tem um tempo próprio para acontecer.

A vida sempre nos ensina a seguir em frente
(quando estamos preparados para não voltar lá atrás).

A vida ensina que não saímos
da vida das pessoas
porque queremos
ensinar-lhes uma lição.

Saímos porque
(já) aprendemos a **nossa.**

Com o tempo,
a vida ensina que um dos piores erros que (te) podes fazer
é colocares em primeiro lugar pessoas
que te colocam em último.

Somos o que guardamos dentro de nós.

Por isso, de tempos a tempos,
é importante perceber o que (e quem) carregamos.

Para tornar o caminho (mais) leve,
é fundamental libertarmo-nos do que (e de quem) nos pesa.

O problema é que
usamos (demasiados)
erros do **passado**
para adiar os planos do **futuro**
e não percebemos que a vida
(só) está disponível no presente.

Nem sempre tomo as *melhores decisões*
e nem sempre faço as *melhores escolhas*.

Mas a certeza (e a fé) de que
tudo tem um tempo certo para acontecer,
faz-me acreditar que o que (não) acontece
é a vida a limpar o caminho para que
a gente chegue ao que (e a quem) merece.

A vida ensinou-me que
um dos piores erros é aceitar fazermo-nos mal
para tentar ficar em sítios (e com pessoas)
que nunca nos vão fazer bem.

Ninguém é melhor do que ninguém.

A vida ensina que não precisamos de
ser melhores do que os outros para sermos (mais) felizes.

As pessoas não mudam,

o que muda são os interesses dessas pessoas
ou as (exageradas) expetativas que criámos sobre elas.

Se precisares de chorar, chora.

Até as pessoas (mais) fortes precisam de chorar.

Os dias não são sempre iguais e,
de vez em quando, é preciso limpar a alma.

Ficar com o que (e quem) nos faz bem
e deixar seguir quem não faz parte do caminho.

Por isso, se precisares de chorar, chora.
Não é isso que nos torna mais fracos.

O que nos enfraquece verdadeiramente é
pensar que temos de viver
como se fossemos sempre fortes.

Por vezes,
ainda amamos algumas pessoas que deixam de fazer sentido
nas nossas vidas porque (ainda) nos amamos mais a nós.

E ainda bem.

Talvez a paz (interior) chegue
quando percebemos que queremos
ser melhores do que **ontem**
e não melhores do que os outros.

Pessoas boas também já magoaram outras pessoas boas.
Ninguém é perfeito ao ponto de nunca ter errado.
A questão é que pessoas boas tentam ser melhores.

Talvez o truque esteja em permitir-me falhar,
mas nunca me permitir desistir.

Um dos piores erros
que podes cometer na vida é
acostumares-te com aquilo
que *não te faz feliz*.

Não te culpes por
nem sempre teres tomado as decisões certas.

São as más decisões que nos ajudam a
tornar numa **pessoa melhor.**

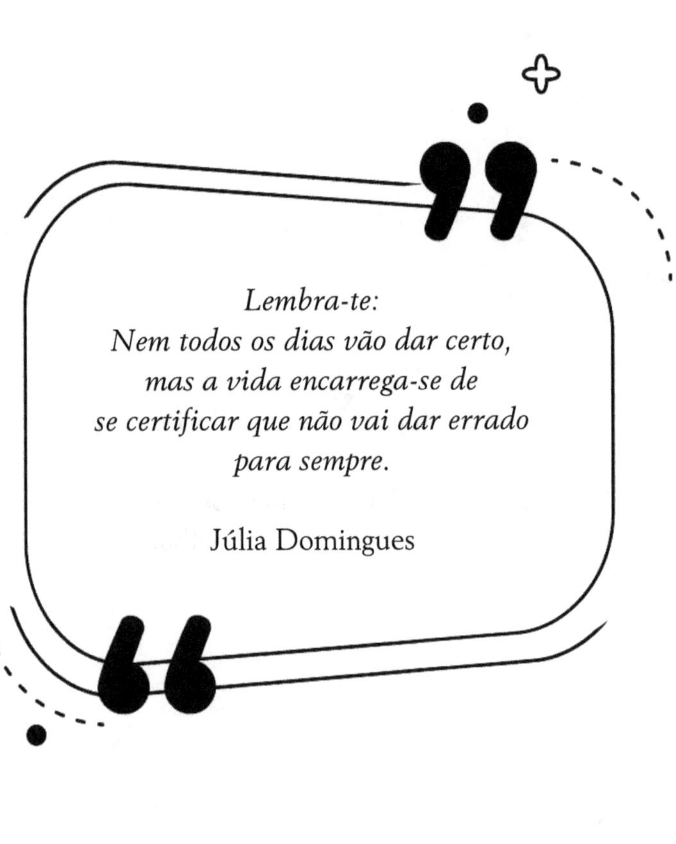

Lembra-te:
Nem todos os dias vão dar certo,
mas a vida encarrega-se de
se certificar que não vai dar errado
para sempre.

Júlia Domingues

Este livro pretende ser um hino à Gratidão.

É através da Gratidão que damos valor às nossas conquistas, mas também às nossas perdas.

É por ela que damos valor às pessoas que nos rodeiam e que nos tornam melhores a cada dia que passa.

Apesar de ser muito importante na nossa vida, nem sempre é fácil ser-se grato. Por isso, para além dos textos e frases que dividi em quatro capítulos, neste livro introduzi mais um, composto por 21 tarefas, uma para cada dia, para que te ajude a deixar a gratidão entrar na tua vida.

Porquê 21 dias?

Segundo a teoria criada nos anos 60 pelo psicólogo e cirurgião plástico Maxwell Maltz, 21 dias é o tempo mínimo para que o cérebro se adapte a uma mudança, para que crie um hábito e para que reconheça qualquer prática como rotina. E atenção! Eu escrevi tempo mínimo e tempo mínimo não é a mesma coisa de tempo suficiente. 21 dias de gratidão é o início de um processo para a vida. É perceber e acolher, de forma consciente, que o milagre da vida acontece todos os dias e todos os dias te deves preparar para receber as suas bênçãos. Abrir os braços para as bênçãos, ajudar-te-á a não os cruzar nos dias em que os desafios te aparecem à frente.

Estas tarefas vão ajudar-te a tornar a gratidão numa prática diária. Só assim podes elevar a tua vibração para te conectares com a felicidade, com a abundância e com as bênçãos da (tua) vida. 21 dias de gratidão. E perceberás que afinal tens (muito) mais a agradecer do que a reclamar.

Vamos começar?

TAREFA 1: DIÁRIO DA GRATIDÃO

Esta é a tarefa mais importante destes 21 dias. Por isso, sugiro que a faças todos os dias, em conjunto com uma das seguintes. Vais-te comprometer, todos os dias, ao acordar ou antes de adormecer, a responder a cinco questões sobre o dia que passou. Deves cumprir esta tarefa sempre à mesma hora para que se torne num hábito.

1. Hoje, estou grato por:
2. O que tornaria este dia ainda melhor:
3. O que teria feito de forma diferente:
4. Pontos altos do meu dia:
5. O que aprendi hoje:

Abaixo tens 21 espaços para preencher cada tópico por ordem numérica. Boa sorte!

Dia 1: __ / __ / ___

1. ____

____

2. ____

____

3. ____

____

4. ____

____

5. ____

____

Dia 2: __ / __ / ___

1. ____

____

2. ____

____

3. ____

____

4. ____

____

5. ____

____

Dia 3: __ / __ / ____

1. ____

   ____
2. ____

   ____
3. ____

   ____
4. ____

   ____
5. ____

   ____

Dia 4: __ / __ / ____

1. ____

   ____
2. ____

   ____
3. ____

   ____
4. ____

   ____
5. ____

   ____

Dia 5: __ / __ / ____

1. ____

   ____
2. ____

   ____
3. ____

   ____
4. ____

   ____
5. ____

   ____

Dia 6: __ / __ / ____

1. ______________________________

2. ______________________________

3. ______________________________

4. ______________________________

5. ______________________________

Dia 7: __ / __ / ____

1. ______________________________

2. ______________________________

3. ______________________________

4. ______________________________

5. ______________________________

Dia 8: __ / __ / ____

1. ______________________________

2. ______________________________

3. ______________________________

4. ______________________________

5. ______________________________

Dia 9: __ / __ / ____

1. ______________________________

____

2. ______________________________

____

3. ______________________________

____

4. ______________________________

____

5. ______________________________

____

Dia 10: __ / __ / ____

1. ______________________________

____

2. ______________________________

____

3. ______________________________

____

4. ______________________________

____

5. ______________________________

____

Dia 11: __ / __ / ____

1. ______________________________

____

2. ______________________________

____

3. ______________________________

____

4. ______________________________

____

5. ______________________________

____

Dia 12: __ / __ / ___

1. ____
____
2. ____
____
3. ____
____
4. ____
____
5. ____
____

Dia 13: __ / __ / ___

1. ____
____
2. ____
____
3. ____
____
4. ____
____
5. ____
____

Dia 14: __ / __ / ___

1. ____
____
2. ____
____
3. ____
____
4. ____
____
5. ____
____

Dia 15: __ / __ / ____

1. ______________________________
____
2. ______________________________
____
3. ______________________________
____
4. ______________________________
____
5. ______________________________
____

Dia 16: __ / __ / ____

1. ______________________________
____
2. ______________________________
____
3. ______________________________
____
4. ______________________________
____
5. ______________________________
____

Dia 17: __ / __ / ____

1. ______________________________
____
2. ______________________________
____
3. ______________________________
____
4. ______________________________
____
5. ______________________________
____

Dia 18: __ / __ / ____

1. ____

____

2. ____

____

3. ____

____

4. ____

____

5. ____

____

Dia 19: __ / __ / ____

1. ____

____

2. ____

____

3. ____

____

4. ____

____

5. ____

____

Dia 20: __ / __ / ____

1. ____

____

2. ____

____

3. ____

____

4. ____

____

5. ____

____

Dia 21: __ / __ / ___

1. ____
____
2. ____
____
3. ____
____
4. ____
____
5. ____
____

TAREFA 2: SONHOS, OBJETIVOS E METAS

Escreve os teus sonhos, objetivos e metas a atingir para as áreas da saúde, educação, família, profissão e lazer. A cada três meses, verifica o que está realizado e o que podes acrescentar.

Mês: ___ / _____

Saúde. ____
____

Educação. ____
____

Família. ____
____

Profissão. ____
____

Lazer. ____
____

TAREFA 3: LISTA DA GRATIDÃO

Faz uma lista dos 100 motivos pelos quais te sentes agradecido desde que nasceste. É importante não saltar esta tarefa, pois vai obrigar a tua mente a relembrar os motivos pelos quais és grato. Que as coisas simples são, por vezes, as mais valiosas.

1. __________
2. __________
3. __________
4. __________
5. __________
6. __________
7. __________
8. __________
9. __________
10. __________
11. __________
12. __________
13. __________
14. __________
15. __________
16. __________
17. __________
18. __________
19. __________
20. __________
21. __________
22. __________
23. __________
24. __________
25. __________

26. ____________________
27. ____________________
28. ____________________
29. ____________________
30. ____________________
31. ____________________
32. ____________________
33. ____________________
34. ____________________
35. ____________________
36. ____________________
37. ____________________
38. ____________________
39. ____________________
40. ____________________
41. ____________________
42. ____________________
43. ____________________
44. ____________________
45. ____________________
46. ____________________
47. ____________________
48. ____________________
49. ____________________
50. ____________________
51. ____________________
52. ____________________
53. ____________________
54. ____________________
55. ____________________
56. ____________________
57. ____________________
58. ____________________
59. ____________________

60. ______________________________
61. ______________________________
62. ______________________________
63. ______________________________
64. ______________________________
65. ______________________________
66. ______________________________
67. ______________________________
68. ______________________________
69. ______________________________
70. ______________________________
71. ______________________________
72. ______________________________
73. ______________________________
74. ______________________________
75. ______________________________
76. ______________________________
77. ______________________________
78. ______________________________
79. ______________________________
80. ______________________________
81. ______________________________
82. ______________________________
83. ______________________________
84. ______________________________
85. ______________________________
86. ______________________________
87. ______________________________
88. ______________________________
89. ______________________________
90. ______________________________
91. ______________________________
92. ______________________________
93. ______________________________

94. ____
95. ____
96. ____
97. ____
98. ____
99. ____
100. ____

TAREFA 4: O POTE DA GRATIDÃO

Para que é que vai servir o pote da gratidão? Para colocar lá dentro todas as coisas pelas quais estás grato. Anota num pedaço de papel e coloca no pote. Sempre que existirem coisas novas, escreve e coloca dentro do pote. No fim do ano, deves abrir o pote e reler o que de bom te aconteceu. Em seguida, podes queimar (com todo o cuidado necessário) os papelinhos e deixar a (boa) energia subir para o universo como forma de gratidão.

TAREFA 5: O BANHO DA GRATIDÃO

Sempre que estiveres a sentir-te mais pesado, mais deprimido, mais negativo, deves tomar um banho de gratidão com sal grosso.

O sal é composto por sódio que, ao entrar em contacto com o cloro contido na água, faz com que os átomos do sódio e do cloro se separarem. As partículas negativas do ambiente, pessoa ou objeto, são atraídas magneticamente para a parte do sódio e as cargas positivas são atraídas pelo cloro. Durante o banho, deixa a água escorrer, lava as impurezas e abençoa-te. Passa as mãos em cada parte do corpo enquanto dizes: sou grato pelo meu braço, pela minha mão, e por aí fora. Depois, pelos órgãos internos, ossos, veias e músculos.

TAREFA 6: O DECRETO DA GRATIDÃO

Preenche e depois lê em voz alta:

Eu ____ expresso minha gratidão pela vida. Eu ____________________________ entro agora num novo espaço de consciência onde eu me vejo como EU SOU! Estou a criar novos pensamentos acerca de mim e da minha vida. A minha nova forma de pensar converte-se em novas experiências. Hoje é outro dia precioso sobre a Terra e vou vivê-lo com alegria. Hoje sou uma pessoa nova. Relaxo e liberto os meus pensamentos de toda a tensão. Hoje eu estou bem. Hoje eu estou em paz. Estou relaxado e vivo de forma pacífica. Sou uma pessoa livre que vive num mundo que é o reflexo do meu amor e da minha compreensão. Estou em harmonia com a vida, com a sabedoria e com o amor infinito. Estou do meu próprio lado, consciente de que o fluxo natural da vida conduz-me para o meu bem maior. Utilizo as minhas palavras e os meus pensamentos como instrumentos para dar forma ao meu futuro. Expresso a minha gratidão com frequência e busco coisas pelas quais sou grato. A minha vida está plena de agradecimento. Sou UNO com o Poder que me criou. Estou seguro e salvo e tudo está bem no meu mundo. Eu sou a GRATIDÃO INFINITA pela minha vida aqui e agora. Assim É. Obrigado amado Universo! Obrigado, obrigado, obrigado.

TAREFA 7: CARTA DA GRATIDÃO

Tu és o resultado de tudo o que te ensinaram e tudo o que aprendeste com os outros. Mas nem sempre agradeces e por vezes achas que as pessoas não fazem mais do que a sua obrigação. Assim, deves escrever cartas de gratidão. Deves escolher as pessoas a quem agradecer por tudo o que já te ajudaram. Escrever uma carta de gratidão a alguém proporciona muitos benefícios, tanto para quem escreve, como para quem recebe. Quem escreve a carta de gratidão acaba por dar-se conta de quantos benefícios recebe ou já recebeu. Quem recebe e lê a carta, percebe os sinais de reconhecimento, o que irá ajudar a aumentar a sua autoestima.

TAREFA 8: TRANSFORMA PROBLEMAS EM BÊNÇÃOS

Quando alguma área da nossa vida não está bem, é porque estamos a esquecer-nos de colocar gratidão nessa área, uma vez que o sentimento de não ter, de reclamar, só vai atrair mais disso.

Nesta tarefa, divide uma folha ao meio.

Do lado esquerdo, escreve sobre um problema que te esteja a afetar (por exemplo, estar desempregado). Descreve um desabafo sobre o problema (por exemplo, menos dinheiro).

Do lado direito da folha, lista 10 motivos para agradecer por um aspeto daquela problema (por exemplo: aquele trabalho deixava-me profundamente infeliz; estou a investir mais na minha formação, entre outros). Por cada item, repete: obrigado.

Lembra-te: cada problema traz uma oportunidade de crescimento.

TAREFA 9: COMEMORA AS CONQUISTAS

Deves sempre comemorar as tuas conquistas e tudo o que te impulsiona a ir para a frente. Comemora sempre que atinges uma meta, que consegues comprar uma coisa que querias, quando recebes a visita inesperada de um amigo, quando compras um bem material, quando celebras um aniversário, quando terminas um projeto.

TAREFA 10: SER GRATO PELO QUE NÃO SE TEM

Agradece diariamente pelas coisas que queres e que ainda não obtiveste (podes escrever no teu caderno de gratidão, nos teus sonhos, objetivos e metas a alcançar). O que vamos estar a fazer é enviar uma mensagem poderosíssima ao universo de que já tens aquilo e que és grato por isso agora.

Faz disso um hábito.

TAREFA 11: MENSAGENS DO CORAÇÃO

Escreve num papel 20 mensagens de gratidão para 20 pessoas diferentes. Podem ser entregues de várias maneiras: bilhetinhos, cartas, cartões, SMS, WhatsApp, Facebook ou qualquer outra forma criativa que encontrares.

O facto de teres de refletir o que de bom têm as pessoas que te rodeiam, faz circular o fluxo de vibrações positivas pelos outros, o que traz benefícios para quem as escreve.

TAREFA 12: TROCA RECLAMAÇÕES POR GRATIDÃO

Nesta tarefa, vais agradecer pelos encargos que tens. Em vez de estares a concentrares-te na saída de dinheiro, foca o teu pensamento nos benefícios e nos momentos de prazer que os produtos e serviços relativos àquelas contas te deram.

TAREFA 13: PADRÃO DE ABUNDÂNCIA

A tua tarefa é mudar do padrão de escassez e começar a comemorar as contas que consegues pagar. Em cada uma delas, assim que efetuares o pagamento, podes apontar a lápis ou a caneta, no canto superior da conta: "De onde veio este dinheiro, há muito mais" e, ao ficares grato, esse valor voltará para ti multiplicado, porque o que está a comandar a tua vida é a lei da abundância e não a lei da escassez.

TAREFA 14: GRATIDÃO PELO CORPO QUE DÁ VIDA

O teu corpo é o teu templo. És o resultado do teu corpo, mente, pensamentos, sensações e é tudo isso que define a tua história e o teu caráter. Por isso, o teu corpo deve ser tratado com todo o cuidado e gratidão.

Neste exercício, vais pegar num papel ou cartão e escrever: Sou grato pelo meu corpo e pela saúde que me mantém vivo. Coloca o papel num sítio visível (em casa ou no trabalho) e, durante o dia, lê em voz alta, no mínimo três vezes ao dia. No final, repete: obrigado, obrigado, obrigado.

TAREFA 15: RELACIONAMENTOS ABENÇOADOS

Escolhe três pessoas para as quais tenhas motivos para agradecer pelo que te ajudam a ser, todos os dias.

De seguida, escreve o nome delas no topo de uma folha e em baixo lista 10 motivos pelos quais és grato a essas pessoas. Quando terminares, lê em voz alta e diz: obrigado. Durante a semana, repete a leitura algumas vezes.

TAREFA 16: CONVERSA CONTIGO MESMO

As programações mentais e crenças limitantes que formamos desde a infância são, muitas vezes, o motivo principal para que a nossa vida não avance. Nós somos o que pensamos.

Neste exercício, o objetivo é expressares as tuas mágoas, inseguranças, dor, sentimento de rejeição, ciúmes, tudo o que está preso dentro de ti e que está a atrapalhar a tua vibração interior.

Pega em duas folhas. Na primeira folha, descreve uma situação negativa na qual te encontras. Descreve o quadro com detalhes. É normal que isto acarrete uma grande carga emocional. Lembra-te que são as energias negativas que estão a obstruir as energias benéficas e a impedir que consigas realizar os teus projetos. Deixa essa folha de lado.

Pega na segunda folha e descreve pormenorizadamente como gostarias que essa situação estivesse. Não poupes nos detalhes e constrói mesmo o cenário ideal. Mergulha nesse sentimento de bem-estar e de felicidade e imagina essa nova realidade.

De seguida, pega na primeira folha e queima-a. Deita as cinzas para o mar e mentaliza todo o sentimento negativo a ir nessas cinzas.

Guarda a segunda folha na tua carteira e leva-a contigo até ao final desta jornada (ela funcionará como um guia, mostrando o caminho que deves seguir).

TAREFA 17: OLHA PARA TI MESMO

O hábito de te apreciares e de seres grato a ti mesmo é a forma mais eficaz de melhorar a autoestima e confiança. Pergunta-te a ti mesmo: hoje, quais são as duas coisas pelas quais posso estar grato? Fui um bom pai? Fui uma boa mãe? Terminei uma tarefa? Mantive a calma numa situação desagradável?

Lista dois motivos, todos os dias, pelos quais te podes agradecer.

Lembra-te, o autorreconhecimento é importante para que te valides e aumentes a tua autoestima.

TAREFA 18: A GRATIDÃO E O PERDÃO

Quem vive com o peso do passado, não segue leve para o futuro. Esta tarefa exige coragem para te desprenderes das mágoas do passado.

Pega numa folha e anota o nome de uma pessoa que te magoou e que precisas de perdoar (sugiro que faças este exercício com uma pessoa de cada vez para que o cérebro esteja focado. Mais tarde, poderás repetir este exercício com mais nomes).

Durante 21 dias – já expliquei porquê – vais mentalizar essa pessoa à tua frente e agradecer pela vida dela e por tudo o que ela te veio ensinar (sobre ti ou sobre ela). Pede que a vossa vida se harmonize uma com a outra. Nos primeiros dias, é natural que sintas repúdio. Mas, a cada dia, este exercício ficará mais simples e a raiva e a pressão irão estabilizar, o que te deixará livre de mágoas para seguires em frente.

TAREFA 19: A SORTE QUE TU TENS

Faz uma lista com 30 itens dos privilégios de que beneficias, como o facto de estares vivo. Mas podes listar muitos outros (exemplo, ter o amor e o cuidado dos nossos pais, o acesso aos estudos que tiveste, a internet que te permite estares conectado, e por aí fora)

Deves começar cada item da seguinte forma:

"Eu tenho a sorte de ________________"

No final de cada item deves dizer: obrigado.

O objetivo deste exercício é saboreares as coisas simples da vida e aproveitar cada dádiva que a vida te ofereceu.

TAREFA 20: OS OBSTÁCULOS E A GRATIDÃO

Esta tarefa vai permitir-te voltar a dar valor às pequenas coisas que, de tanto te adaptares e acostumares, já nem dás pela sua existência. Por vezes, é preciso ficar-se privado das pequenas coisas para se perceber o quanto são valiosas e o quanto és privilegiado por poderes usufruir delas.

Vais exercitar a gratidão por pequenos obstáculos e incidentes que acontecem dia a dia, pois são eles que te vão obrigar a perceber o que a vida te está a oferecer e sobre os quais paraste de agradecer porque te acostumaste a eles.

Por exemplo, uma gripe, um corte no fornecimento da eletricidade, uma avaria no carro, uma greve nos transportes, e por aí fora.

Ao deparares-te com estes obstáculos, em vez de reclamar ou ficar de mau humor, agradece da seguinte forma: *"Eu agradeço por ______________________________, porque isto me faz lembrar do quanto eu sou privilegiado por ______________________________, e o quanto isto é importante para mim."*

TAREFA 21: COPO MEIO CHEIO OU MEIO VAZIO

Tudo se resume (a)onde estás a colocar o teu foco. Costumas ver o copo meio cheio ou o copo meio vazio?

Pega em duas folhas. Na primeira, aponta tudo o que tens atualmente e tudo o que podes desfrutar, como a saúde, o trabalho, uma casa para morar, luz, água, uma família, entre outros. Faz uma lista de, pelo menos, 10 itens. Na segunda folha, escreve tudo o que já perdeste ou o que nunca conquistaste, como um carro de luxo, uma casa com piscina, uma conta bancária milionária. Preenche 10 itens.

De seguida, pega na primeira folha e lê em voz alta e devagar. Que emoções sentiste?

Faz o mesmo com a segunda folha. Que sentimentos foram gerados?

Provavelmente, concluíste que quando colocaste o foco nas coisas que possuis, nas bênçãos que a vida te proporciona todos os dias ou em tudo o que conquistaste, o sentimento é de alegria e gratidão. Pelo contrário, se colocas o foco no que te falta, no que perdeste ou o que os outros têm, o sentimento gerado é de tristeza e frustração.

Tu és o protagonista da tua história e só tu és capaz de definir onde queres colocar o teu foco. Decide pelo sentimento de gratidão e irás perceber que a tua vida irá transformar-se para melhor a cada dia.

conclusão

Como referi na nota introdutória, o ser humano tem tendência para responsabilizar tudo quanto lhe acontece a fatores externos. Mas, diz a estatística, que só não se consegue controlar 10 % do que acontece na vida (por exemplo, se vai chover ou se vai ficar sol daqui a 10 minutos). Os 90 % sobre os quais o ser humano tem total controlo, são simplesmente a reação aos 10 % que não consegue controlar. E é a reação ao que não se consegue controlar que vai definir a tua vida.

Assim, a forma como reages às coisas, ao que acontece no dia-a-dia, nas diferentes áreas da tua vida, é o que vai definir a tua realidade. Tudo assenta nisto, onde estás a colocar o teu foco.

O problema é que o ser humano reclama mais do que agradece.

Vamos a um último desafio?

Tu, que reclamas do trânsito da manhã, do excesso de trabalho à tarde e da falta de tempo à noite (eu também o fazia constantemente, não te preocupes), alguma vez paraste para pensar qual o verdadeiro significado da palavra RECLAMAR?

RE
(prefixo latino re-)
Prefixo verbo transitivo
1. Elemento designativo de repetição, ação repetida ou retroativa (ex.: reabastecer, recandidatura, reequilíbrio).

CLA*MAR
Verbo transitivo
1. Gritar; bradar; exclamar.
2. Implorar.
3. Reclamar.

in *Dicionário Priberam da Língua Portuguesa.*

Percebeste agora?

Cada vez que reclamas, a cada momento que reages de forma negativa aos 90% que tens o poder de controlar, a única coisa que estás a fazer é pedir ao universo, à vida, que te devolva isso, EM DUPLICADO, pelo menos. Estás a pedir que a reclamação seja uma repetição na tua vida. E se é isso que tens andado a pedir, é (só) isso que o universo tem para te devolver.

Sim, vão continuar a existir dias menos bons, memórias infelizes e diálogos interiores negativos e podes até não conseguir evitá-los. Mas, podes alterar (e controlar) o que acontece a seguir. Ou seja, a forma como reages a isso. Podes, conscientemente, evitar que o habitual círculo vicioso continue a alimentar-se de perguntas críticas e a desencadear pensamentos negativos. Podes fazer isso, reagindo de forma diferente ao relacionamento que tens contigo e com o mundo, se mudares a perspetiva como olhas para as coisas. E QUAL É A FERRAMENTA MAIS PODEROSA PARA FAZER ISSO? É A GRATIDÃO. Consegues mudar o foco quando aprendes a prestar atenção, CONSCIENTE E INTENCIONALMENTE, ao momento presente, sem julgamento, e às coisas como elas são. Começas a ver o mundo como ele é e não como esperas que seja, como queres que seja ou como temes que se torne. É necessário mudar os hábitos negativos que estão enraizados em ti para começares a mudar a perspetiva que tens das coisas.

Com o tempo, tenho aprendido que a vida não é sobre o que nos falta, a vida é sobre o que nos resta. É sobre o que fazemos com os problemas que nos caiem nas mãos, sobre o chão que nos foge e sobre o caminho que se acaba. São essas alturas, em que as opções parecem esgotar-se, que o caos procura fazer morada e que os recomeços se mantêm distantes que deves parar, respirar fundo e encontrar a calma (no meio do caos) para continuar. É sobre o que fazes com isso. Como te manténs à tona, como entregas (o que tens em mãos), como confias (na vida), como aceitas (o que não podes mudar), como agradeces (o que a vida te dá e te tira) e como (te) perdoas para seguir em frente.

E deixa-me dizer-te uma coisa: Tudo isto só podes agradecer a ti mesmo. Todas as coisas têm um tempo próprio para acontecer e tu consegues fazer o melhor com o que tens. Só quem pode trazer paz e harmonia à tua vida és tu, através das tuas escolhas, pensamentos, palavras e/ou ações. E sempre que escolhes ser feliz, o universo, mais cedo ou mais tarde, encontra maneira disso (voltar a) acontecer. Lembra-te:

"Quando mudares a forma de olhar para as coisas, as coisas, para as quais olhas, mudam."

Wayne Dyer

Queria agora terminar, partilhando contigo o seguinte. Há uns dias, ouvi uma figura pública (apresentador de televisão), dizer, a propósito da importância que o desenvolvimento pessoal devia assumir na vida do ser humano, que o passado se pode mudar. Embora não partilhe da opinião de que o passado se possa mudar, acredito profundamente que se pode ressignificar. O problema passa por querer.

Por estarmos dispostos a romper fronteiras, a pisar o chão duro, a sair da zona de conforto (que, tantas vezes, é mais desconfortável do que confortável), a compreender que para cumprir o propósito tem de se aceitar o processo. Se todos temos a capacidade de ser felizes? Sim. Se todos temos a coragem para sê-lo? Não.

Uma das coisas mais valiosas que aprendi com um grande amigo, que capitaliza mais de 46 anos de experiência profissional a lidar com pessoas e com histórias, foi que o segredo para nos (auto)desenvolvermos como seres humanos é (somente) conseguirmos empatizar com a dor do outro.

E o que os leitores, neste momento, poderão estar a pensar é: como é que empatizar com a dor do outro pode ter a ver com o meu (auto)desenvolvimento? A dor do outro não é a minha dor e só cada um sabe o que se passa dentro de si. MAS – e é aqui que está o busílis da questão – ao compreender a dor do outro, ao parar dois ou três minutos para perceber como o outro fez para sair daquela situação, de que armas se socorreu, qual o PROCESSO que percorreu para chegar ao PROPÓSITO, eu vou agregar isso ao meu conhecimento e desenvolvimento pessoal para me ajudar a resolver as minhas próprias dores (as que estou a passar no momento ou as posso vir a passar no futuro).

E é por isso que ser grato é um superpoder, porque aproveitamo-lo para o nosso crescimento pessoal, nunca esquecendo que são os demais que nos ajudam (sempre) a crescer.

Por fim, espero que este livro te tenha ajudado e que te dê ferramentas para seres mais feliz. A felicidade obriga a uma luta diária, mas esta é daquelas que vale (mesmo) a pena.

Obrigada!

Júlia Domingues

oferta voucher

DEIXA A GRATIDÃO MUDAR A TUA VIDA

A Gratidão, que te ajuda a mudar o foco para os aspetos positivos da tua vida, tem vindo a ser estudada e desenvolvida pela psicologia positiva e pela neurociência. Segundo estudos recentes, a felicidade está intimamente ligada à gratidão. Quando a pessoa se sente grato, ela ativa o chamado sistema de recompensa do cérebro, trazendo uma sensação de bem-estar. E quanto mais esse processo é reforçado, mais ele se desenvolve no corpo. Portanto, exercitar a gratidão eleva os níveis de emoções positivas, vitalidade e satisfação.

Para dares continuidade a esta jornada do poder da gratidão, convido a inscreveres-te no meu próximo *workshop online* «DEIXA A GRATIDÃO MUDAR A TUA VIDA». Ao preencher e enviares o VOUCHER, tens uma OFERTA de 10% sobre o valor de inscrição. O *voucher* é válido apenas por uma vez.

Preenche o *voucher* com os teus dados e envia digitalizado para o *e-mail* soquenao.eventos@gmail.com.

Consulta todos os cursos e *workshops* em: http://jux.mcsill.com

Voucher workshop:

DEIXA A GRATIDÃO MUDAR A TUA VIDA

Nome: ______________________________

E-mail: ______________________________

Contacto: ______________________________

www.ingramcontent.com/pod-product-compliance
Lightning Source LLC
LaVergne TN
LVHW010545160826
845677LV00013B/3002

* 9 7 8 9 8 9 5 3 3 8 4 9 8 *